मुजरा अभी बाकि है

OrangeBooks Publication

1st Floor, Rajhans Arcade, Mall Road, Kohka, Bhilai, Chhattisgarh 490020

Website: **www.orangebooks.in**

© Copyright, 2023, Author

All rights reserved. No part of this book may be reproduced, stored in a retrieval system, or transmitted, in any form by any means, electronic, mechanical, magnetic, optical, chemical, manual, photocopying, recording or otherwise, without the prior written consent of its writer.

First Edition, 2023

मुजरा अभी बाकि है

सिचुएशनल शायरी

अमित महाजन

OrangeBooks Publication
www.orangebooks.in

प्रस्तावना

लेखक जीवन के संघर्ष को मुजरा के रूप में संबोधित करता है यह पुस्तक दर्शाती है कि कैसे जिंदगी हमें अलग – अलग मुजरा करने पर मजबूर करती है । और उन क्षणों से लेखक हमारे लिए विभिन्न शायरियाँ लाता है ।

आपके जीवन का मुजरा जल्द ही समाप्त हो और आपके उज्ज्वल भविष्य की कामना करता हूं । मुझे सुनने और लिखते रहने के लिए प्रेरित करने के लिए अपने दोस्तों और परिवार का आभार व्यक्त करना चाहता हूं ।

इस पुस्तक को लिखने के लिए किसी चैट जीपीटी या किसी अन्य एआई का उपयोग नहीं किया गया है ।

आशा है आपको यह पुस्तक पसंद आएगी ।
हैप्पी रीडिंग

अनुक्रम

1. सफर 1
2. सर्कल ऑफ लाइफ 1
3. मन का विकार 2
4. प्लास्टिक का प्यार 2
5. लूडो 3
6. नया साल 3
7. लॉकडाउन और घर का काम 4
8. पीएमसी बैंक 4
9. कोविड लॉकडाउन और पहली पुस्तक 5
10. लॉकडाउन 5
11. बच्चे 6
12. साढ़ेसाती 6
13. कोविड लॉकडाउन की होली 7
14. मुंबई लोकल ट्रेन 7
15. घास पूस 8

16. मुंबई 8

17. वीकेंड 9

18. मैगी नूडल 9

19. अँधेरे ने की शिकायत 10

20. कोविड वैक्सीन 10

21. सोमवार 11

22. लॉकडाउन और गणेश चतुर्थी का मोदक 11

23. 16 अगस्त 12

24. बारिश का मौसम 13

25. अपग्रेड 13

26. सीआरटी टीवी 14

27. दस्तक 14

28. रुमाल 15

29. काला और सफेद 15

30. चैट जीपीटी एआई 16

31. हकीकत 16

सफर

छोटे कदमों से ही सही पर आगे बढ़ना जारी है, रुकावट आने पर वही रुकने में समझदारी है, चाहे थोड़ी देर हो जाए पर प्यादा से वज़ीर बनने का सफर आज भी जारी है।

सर्कल ऑफ लाइफ

शर्माजी ने पूछा: "ये सर्कल ऑफ लाइफ क्या होता है भाई?"

वर्माजी बोले: "आप ने अपने बच्चे को बहार खेलने पर डाँट लगायी,

फिर 2020 में आप के बेटे ने आप पर बहार जाने पर रोक लगायी!"

तो कुछ बात समझ में आई?

मन का विकार

मन के विकार का जब मोड़ आता है तो कोई भ्रम के चक्कर में खो जाता है, कोई कुछ बोल नहीं पाता है, तो कोई इस सफर में ऐसी कुछ चीज़ों से गुज़र जाता है, के वो पीछे बहुत कुछ छोड़ आता है।

प्लास्टिक का प्यार

तेरा ये प्लास्टिक का प्यार तुझ पर ऐसा चढ़ जाएगा, ऐसी प्लास्टिक की चादर तू मुझ पर ओढ़ आएगा, मेरे होने पर भी तू अपनी प्यास नहीं बुझा पाएगा, तब ये तेरा प्लास्टिक का प्यार तुझे बहुत भारी पड़ जाएगा।

लूडो

नियति! कभी सोचा न था, तू दुनिया को लूडो का मतलब ऐसे समझाएगी; पहले छ: के बहाने घर के बहार बुलाएगी, फिर घर वापस लौटने तक कोविड – 19 को हमारे पीछे लगाएगी।

नया साल

जवानी ने बूढ़ापे से पूछा; "तू नया साल मनाने बहार क्यों नहीं जाती?"

बूढ़ापे ने कहा कैलेंडर बदलने से ज़िंदगी नहीं बदल जाती।

नववर्ष की शुभकामनाएं

लॉकडाउन और घर का काम

मेरी आँखों पे उसका जादू छा रहा है, सब कुछ धुन्धला नज़र आ रहा है; लगता है मुझे मेरा बिस्तर बुला रहा है पर, यह पीछे से कौन चिल्ला रहा है? के बर्तन ठीक से धो ! की मुझे दाग अब भी नज़र आ रहा है।

पीएमसी बैंक

तूने किया झोल, फिर मेरे अनमोल रत्न क्यों चूका रहे है यह मोल, अब तो अपनी तिजोरी का दरवज़ा खोल और पैसे कब वापस मिलेंगे पीएमसी बैंक यह बोल।

मुजरा अभी बाकि है

कोविड लॉकडाउन और पहली पुस्तक

हमने पूछा हमारी पुस्तक पसंद आई? दोस्त ने कहा पुस्तक तो घर आई पर क्वारंटाइन में है भाई! तब एक आकाशवाणी आई, - सजीव के साथ निर्जीव को भी सैनिटाइज तो करना पड़ेगा भाई।

लॉकडाउन

बातों बातों में, ये बात बाहर आई, के बात करने के लिए कोई बात ही नहीं है भाई; क्या खाया? क्या पिया? लॉकडाउन में वेब सीरीज भी खत्म कर दिया; इसके आगे कभी बात ही नहीं बढ़ पाई; जब किसी ने मेरी फोन की घण्टी बजायी, मेरे मन से एक ही आवाज आई, अब कुछ तो गॉसिप देदो भाई!

बच्चे

उन पे गौर नहीं करेंगे तो चिल्लाएंगे; तुम सो जाओगे तो तुम्हें जगाकर खुद ही सो जाएंगे; हर बार तुम्हें अपने आगे पीछे भगाएंगे; क्योंकि इतिहास गवाह है कि जब जीवन में बच्चे आएंगे तो तुमसे एक अलग लेवल का मुजरा करवाएंगे।

साढ़ेसाती

मैंने ज्योतिष से पूछा – "वो तो चली गई थी फिर कैसे वापस आई?" ज्योतिष – "बेटा ! ये तेरी नियति है, पहले सैनिटाइजर से हाथ धूलवाकर तेरी भाग्य रेखा बदलवायी और इससे तेरी साढ़ेसाती तेरे दरवाजे पर दस्तक देने फिर आई"।

कोविड लॉकडाउन की होली

बड़े वक्त बाद वो बिना मास्क के नजर आई, जैसे ही उसने होली खेलने की इच्छा जतायी, मैंने दौड़ लगाई, और जैसे वो रंग लगाने पास आई, पीछे से किसी ने आवाज लगाई भागो पुलिस आई।

मुंबई लोकल ट्रेन

जब वो आएगी, वक्त की कीमत समझाएगी, गलत साइड वाले को पब्लिक से गाली खिलवाएगी, बिना तुम्हारे कपड़े उतारे तुम्हें मसाज का मजा दिलाएगी; कभी मंजिल सामने आएगी फिर भी बीच रुक जाएगी, पास हो या दूर सबको घर पाहुंचायेगी; और जाते जाते "गाड़ी के पायदान और प्लेटफॉर्म के बीच के, अंतर पर ध्यान दे" बोलकर फिकर जतायेगी।

घास फूस

पहले घास फूस बोलके खाने का मजाक उड़ाए, नॉन वेज ना आने पर वेज खाने की और नजर घुमाए, बिल आने पर 50 – 50 की गुहार लगाये, बीमार होने पर गरम पानी और दाल चावल से काम चलाए, इतना तो गिरगिट भी रंग नहीं बदले मेरे भाई !

मुंबई

मुंबई नाम की माया नगरी देखने जाना, पर सही समय पर वापस लौट आना, क्योंकि वो तुम्हें अपने पास रुकने का जरूर देगी कोई बहाना और फिर भरवाएगी ईएमआई नाम का जुर्माना।

वीकेंड

बस कुछ समय बाद वीकेंड के दरवाजे से सपनों की दुनिया में चले जाएं, मन चाहे चीज़ो का लुफ्त उठाएं, पर समय रहते बहार भी चले जाएं क्योंकि, वहा सोमवार नाम का कुत्ता है उससे अपनी जान बचाए।

मैगी नूडल

बापू: "तुझे हर चीज में इतनी जल्दी क्यों चाहिए होती है?"

मैं: "आज कल इंतजार की नहीं रफ्तार की ही कीमत होती है।"

बापू बोला: "कितना भी तेज भाग ले जिंदगी में हर चीज मैगी नूडल नहीं होती है।"

अँधेरे ने की शिकायत

तेरे हर गलत काम पे मेरा नाम बदनाम हो जाता है, और तेरे मुह से निकली तारीफ तो ये दिन का उजाला ले जाता है, पर जब तुझे चैन से सोना हो तो लाइट बंद करके तू मेरे ही पास आता है।

कोविड वैक्सीन

चलो मान लिया मां बाप से लिया हुआ कर्ज कभी वापस न लौटा पाएगा पर उनको कोविड वैक्सीन लगवा कर कम से कम एक किश्त तो चुका पाएगा।

सोमवार

सोमवार बोला पूरी दुनिया हर चीज में शॉर्टकट लेती है, फिर न जाने क्यों में जो हफ्ते में पहले आउ तो उससे मिर्ची लग जाती है; पर उसे कौन समझाए, जिस शॉर्टकट से अपनी मंजिल को पहुंचनाचाहे वो राह मेरी गली से होकर जाती है।

लॉकडाउन और गणेश चतुर्थी का मोदक

मैं खुश था आज वो मुझे मिलने मेरे घर आएगी, मास्क में ही सही थोड़ी बहुत बातें हो जाएंगी, तभी पीछे से आवाज़ आई और मोदक मिलते ही चली भी जाएगी।

16 अगस्त

अगर तिरंगे का डीपी या स्टेटस लगाकर हो गया हो तो अब थोड़ा काम भी कर लेना, सरकार का सिर्फ मजाक उड़ाना है तो पहले वोट भी कर लेना, बीना फेक रेंट एग्रीमेंट दिखाये कभी टैक्स भी भर देना, या फिर गलत साइड जाने से अच्छा थोड़ा ट्रैफिक में इंतजार कर लेना। डस्टबिन दिखायी ना दे तो कुछ वक्त कचरा जेब में रख लेना। विदेशियाँ की तारीफ करने से पहले थोड़ा इतिहास पढ़ लेना अगर तिरंगे का डीपी या स्टेटस लगा कर हो गया हो! तो अब थोड़ा काम भी कर लेना।

बारिश का मौसम

बारिश का मौसम आया, मिट्टी की सुगंध लाया पर हमेशा की तरह ट्रांसफोर्मर को उड़ाया और अंधेरा छाया, पानी ने गड्ढे को छुपाया। कही जगह स्विमिंग पूल नज़र आया। चलो भुट्टा खाने का समय आया, अरे पर इस चक्कर में अपना छाता कहा भूल आया?

अपग्रेड

अपग्रेड तो बस एक बहाना है, उन्हें तो बस कोई नए माल के नाम पर पैसा कमाना है, अब बस तुम्हें बताना है कि कौन से अपग्रेड पर रुक जाना है।

सीआरटी टीवी

तू जब खराब होगा, मेरे दीवार पर एंड्रॉइड टीवी होगा, उम्मीद है अगली बार सोल्डरिंग के बाद, तू अंडरटेकर के जैसे फिर से जिंदा नहीं होगा। सीआरटी टीवी बोला
"जीवन में हर बार अपग्रेड जरूरी नहीं होता"।

दस्तक

ज़िंदगी की ऐसी दस्तक तुम्हारे घर पर आएगी, किसी अपने को साथ ले जाएगी, तुम्हारे अपने का एक अंश यादों के रूप में पीछे छोड़ जाएगी, पर "अकेले आगे बढ़ने का पाठ" तुम्हें सिखाएगी।

रुमाल

रुमाल का कमाल कहीं नजर नहीं आता, ३ – ४ टिश्यू का काम एक रुमाल कर जाता, फिर भी जमाना टिश्यू या ड्रायर के भरोसे रुमाल घर छोड़ आता ।

काला और सफेद

झूठ कहते हैं लोग जीवन का मजा अलग अलग रंगो में आता है, पर सच तो ये है सबने जीवन के हर पहलू को काले और सफेद में बाँटा है ।

चैट जीपीटी एआई

चैटजीपीटी एआई से तो कंप्यूटर और स्मार्ट हो जाएंगे, बच्चे 2 मिनट में होमवर्क खत्म कर खेलने लग जाएंगे। कुछ लोग ओरिजिनल के नाम पे डाउनलोड किया हुआ काम दिखाकर नाम कमाएंगे हम सच्ची और झूठी न्यूज का फर्क नहीं बता पाएंगे। कुछ काम आसान जरूर हो जाएंगे, पर इंसान और बुद्धू हो जायेंगे।

हकीकत

नशा हो तो हकीकत जैसा, मुक्त होकर भी, हर कोई कर नहीं पाता। जिसने कर लिया वो समझदार और ना कर पाया वो किसी और नशे में खो जाता।

आशा है आपको मेरी शायरी पसंद आयी होगी।

इस ईमेल पर अपनी अपनी प्रतिक्रिया या सुझाव अवश्य दें –

amit.x13@hotmail.com

धन्यवाद

www.ingramcontent.com/pod-product-compliance
Lightning Source LLC
LaVergne TN
LVHW061606070526
838199LV00077B/7190
* 9 7 8 9 3 5 6 2 1 7 9 5 9 *